Ralf Apel
&
Alexandra Funk

Frohes Fest

19 originelle Ideen aus Moosgummi
für die schönste Zeit des Jahres

Vielseidig Verlag

Es ist mal wieder soweit: Weihnachten steht vor der Tür. Und was noch vor der Tür stehen sollte, ist eine festliche Dekoration, die auf die Tage, wenn das Christkind kommt, einstimmt. An einem gemütlichen Bastelnachmittag kommt jetzt niemand mehr vorbei. Das Basteln gehört zur Weihnachtszeit ebenso dazu wie das gemeinsame Backen der leckeren Plätzchen. Am meisten macht das natürlich in der Gruppe bzw. in der Familie Spaß. Hier kann jeder sein Talent beweisen und seinen Teil dazu beitragen, die Wohnung festlich zu gestalten.

Da Moosgummi ein recht vielseitiges Material ist, lassen sich neben Blumensteckern und Fensterbildern noch eine Vielzahl an netten Ideen verwirklichen, die auch als schöne Geschenke dienen. So entfällt das alljährliche „Was-kauf-ich-bloß, hat-doch-schon-alles!". Etwas Selbstgebasteltes ist einfach viel persönlicher.

Wir hoffen mit unserem Buch eine angenehme Spannung auf den Heiligabend erzielt sowie die Phantasie in den Köpfen der eifrigen Bastelengelchen angeregt zu haben.

Viel Erfolg beim kreativen Beisammensein wünschen

Sandy & Ralfi

Werkzeuge

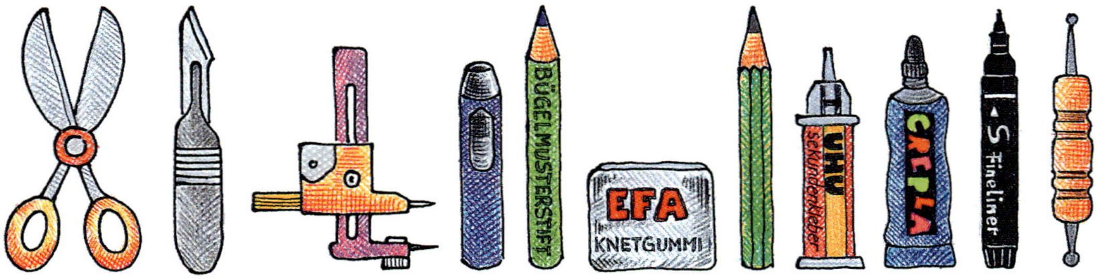

Und hier noch einige Tips!

Während des Schneidens sollten die Moosgummiteile gedreht werden. Dabei möglichst wenig absetzen und stets ganz hinten in der Schere neu ansetzen. Ziehen Sie Kurven und kleine Rundungen, wie z. B. bei Fingern, möglichst in einem Zug durch. Beim Schneiden verlaufen die Kanten nach hinten schräg weg, was nur noch zu sehen ist, wenn das Teil herumgedreht wird. Deshalb sollte beim Schneiden das Motiv immer seitenrichtig sein.

Der beste Leim für Moosgummi ist Sekundenkleber. Langes Andrücken der einzelnen Teile fällt weg. Durch die feine Düse ist auch ein punktgenaues Kleben möglich, was z. B. beim Aufbringen der Halbperlen wichtig ist.

Kinder sollten jedoch nicht mit Sekundenkleber arbeiten. Dieser klebt nämlich auch sehr schnell kleine Finger zusammen!! Zum Basteln mit Kindern gibt es speziellen Moosgummikleber!

So geht's

Legen Sie das Transparentpapier auf die Vorlage und zeichnen die Konturen mit einem Bleistift nach. Setzen Sie hierbei die einzelnen Motivteile nebeneinander. Von der Rückseite werden die Konturen nochmals mit dem Bügelmusterstift nachgefahren. Das ist nötig, damit die Motive seitenrichtig auf das Moosgummi übertragen werden können.

Das Übertragen wird dann mit dem Prägestift vorgenommen. Wer keinen zur Hand hat, kann sich auch mit einem anderen stumpfen harten Gegenstand zum „Durchrubbeln" behelfen.

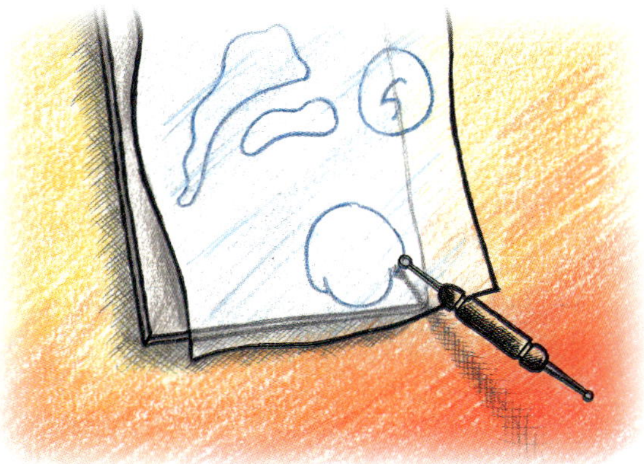

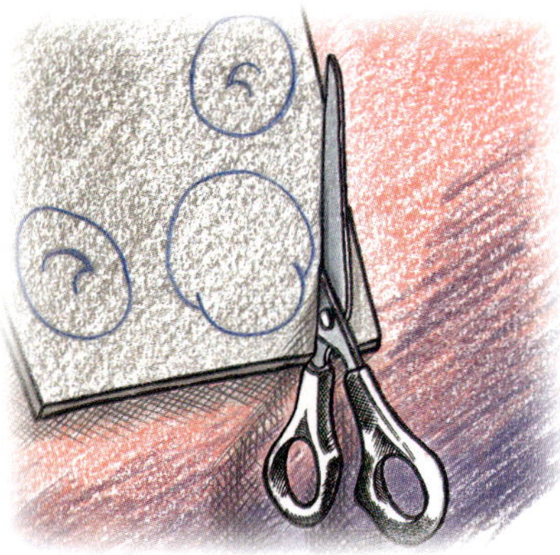

Schneiden Sie nun die einzelnen Teile mit der Schere aus. Während des Schneidens sollten Sie die Moosgummiteile drehen, dabei möglichst wenig absetzen und stets ganz hinten in der Schere neu ansetzen. Ziehen Sie Kurven und kleine Rundungen, wie z. B. bei Fingern, möglichst in einem Zug durch. Blaue Konturen, die nicht mehr benötigt werden, mit dem Knetgummi „abstupfen".

Kleben Sie die Teile aufeinander. Damit die Proportionen stimmen, die Vorlage verwenden. Konturen, wie z. B. Augenbrauen, Falten etc, mit einem wasserfesten Fineliner „S" zeichnen. Danach läßt sich das Werkstück beliebig verzieren, z. B. mit Glitzerfarbe, Plusterpen oder auch Bastelfarbe.

Türkranz

Moosgummi: *1 mm:* Rosé, Weiß
2 mm: 3 verschiedene Grüntöne, Rot, Weiß, Haut

Sonstiges: Halbperlen 4mm
10 Moosgummikugeln 2 cm
Glitzergold
Fineliner schwarz, wasserfest
Satinband & Perlen

Der Türkranz ist einfacher zu basteln, als es vielleicht aussieht. Nur beim Schneiden der neunzehn Blätter sollte man etwas Geduld mitbringen. Beim Zusammenkleben ist die Vorlage unerläßlich, damit die Blätter zum Schluß auch einen runden Kreis bilden. Die roten Beeren auf die Blätter kleben und dann aneinander fest. Beim Nikolaus ist nur darauf zu achten, daß die Wangen unter der Nase sitzen. Zum Schluß nach Belieben mit Glitzerfarbe verzieren und die Konturen (wie z. B. Mund) mit Fineliner aufzeichnen.

Niko-Stecker

Moosgummi: *2 mm:* Haut, Weiß, Rot

Sonstiges: Halbperlen 8mm
Holzstab & Adapter
Kleine Schelle mit Ring (ca. 15 mm)
Holzkugel 2cm rot
Schleifenband
Glitzergold
Fineliner schwarz, wasserfest

Der kleine Niko-Stecker ist recht schnell gebastelt. Der fertige Kopf mit Bart wird in den Mützenrand gesteckt, der zuvor eingeschnitten wird. An der Zipfelmütze hängt die Schelle. Am Schluß den Stab mit verschiedenen Bändern und einer Holzkugel, den Niko-Kopf mit Glitzerfarbe und das Gesicht mit Fineliner verzieren.

Tip: Damit der Adapter gut aufsitzt, zusätzlich ein Stück Moosgummi hinten aufkleben.

Die Geschenke-Maus

Moosgummi: *1 mm:* Rosé, Gelb, Weiß
2 mm: Blau, Grün, Grau, Weiß, Rot

Sonstiges: Wackelaugen mit Wimpern 1cm
Holzstab mit Adapter
Holzkugel rot 2cm
Glitzergold
Fineliner schwarz, wasserfest

Der Kopf der Maus wird zuerst gebastelt. Über die Stirn den Mützenrand kleben und hinter das linke Ohr stecken. Die Zipfelmütze sitzt darunter. Auf das fertige Geschenk die beiden Pfoten legen und dahinter den Schwanz. Die Verbindung von Kopf zu Geschenk übernimmt der Hals. Der Adapter wird hinten unterhalb der Zipfelmütze angebracht. Der Rundstab läuft hinter dem Hals vorbei und wird teilweise am Geschenk angeleimt. Zum Schluß haben wir die Konturen mit Fineliner aufgezeichnet und die Teile mit Glitzergold verziert.

Der Nachtwächter

Moosgummi: *1 mm:* Rosé, Weiß, Beige
2 mm: Dunkelblau, Olive, Rot, Gelb, Schwarz, Hell- und Dunkelgrau, Dunkelbraun, Hellblau, Weiß

Sonstiges: Regenbogentransparentpapier
Halbperle 4 mm, 1 kl. Stück Nylonfaden ca. 9 cm
Glitzergold, Fineliner schwarz, wasserfest
Goldkordel & Perlen

Der Nachtwächter besteht aus vielen Einzelteilen. Beginnen wir am besten mit dem Kopf. Auf der Stirn sitzt die dreiteilige Mütze, die hinter das Ohr gesteckt wird. Der Hals verbindet Kopf und Schal. Hinter den Schal den Mantel kleben, vorne den Arm aufsetzen. Beim unteren Mantelrand wird der linke Schuh etwas eingesteckt. Die Laterne hinterkleben wir mit Regenbogentransparentpapier, um den Kerzenschein darzustellen. Hierfür wird der blaue Kreis etwas ausgeschnitten. Der Stab zum Anzünden sitzt auf dem linken Arm und unter den Händen. Um die Motte schwirren zu lassen, fixieren Sie hinten die zwei Enden eines Stückchens Nylonfaden und kleben die Lasche am Rand an. Die fertige Laterne und die Katze werden auf das graue Pflaster gestellt und auf dem Kreis befestigt. Am Schluß das Fensterbild mit Glitzerfarbe und Fineliner verzieren.

Girlande

Schriftzug:	*Moosgummi:*	*1 mm:* Weiß
		2 mm: Rot
	Sonstiges:	Glitzergold, Goldkordel ca. 1,5 m
Kerzenenden:	*Moosgummi:*	*2 mm:* Bordeauxrot, Jade, Gelb, Pink
	Sonstiges:	Glitzergold, Regenbogentransparentpapier
		Fineliner schwarz
Stiefelenden:	*Moosgummi:*	*1 mm:* Rot, Rosé, Weiß, Haut
		2 mm: Rot, Weiß, Maigrün, Dunkelgrün, Hellbraun, Beige, Rosé, Gelb, Lila, Orange, Dunkelrot
	Sonstiges:	Halbperlen 5 und 3 mm
		Glitzergold, Goldfäden
		Fineliner schwarz
Rentiere:	*Moosgummi:*	*1 mm:* Weiß, Rosé
		2 mm: Hellbraun, Beige, Rot, Schwarz
	Sonstiges:	Glitzergold, Fineliner schwarz
		Schleifenband, dünne Goldkordel

Kerzen: Der Schein aus Regenbogentransparentpapier wird von hinten an den gelben Moosgummireif geklebt. Die Flamme sitzt auf dem Papier, der Docht wird aufgemalt.

Rentiere: Ohren und Geweih werden hinter dem Kopf angebracht. Beim linken Rentier wird der Mund etwa 1 cm eingeschnitten und die Zunge eingesteckt. Die Augen legen Sie ein Stück übereinander.

Stiefel Puppe: Basteln Sie Puppe, Zuckerstange und Apfel komplett zusammen. Die Haare kleben Sie auf die Stirn und stecken die linke Seite hinter das Gesicht. Der Knoten verbindet Schleife und Haar. Apfel, Stiel und Blatt sitzen hintereinander. Sobald der Stiefel fertig ist, kleben Sie den Apfel dahinter und setzen die Puppe daneben, wobei der Arm über den Stiefel geleimt wird. Schließlich wird das Haar noch über Arm und Apfel geleimt sowie die Zuckerstange ganz hinten befestigt.

Stiefel Nikolaus: Nachdem Stiefel, Teddy, Orange und Nikolaus komplett zusammengeklebt sind, setzen Sie den Teddy hinter den Stiefel und den Arm davor. Daneben sitzt die Orange und der Nikolaus wird hinten angeleimt.

Allgemein: Alle Teile werden mit Glitzerfarbe und dem Fineliner verziert. Einen besonderen Effekt bieten die Goldstreifen, welche auf die noch feuchte Glitzerfarbe gestreut werden. Die Buchstaben kleben Sie möglichst mit dem oberern Rand auf die Kordel fest, damit sie gerade hängen. Die Schleifen können angeklebt oder festgebunden werden.

Austauschbare Variante: Hier haben Sie die Möglichkeit, die Motive der Girlande zu wechseln. Kleben Sie dazu auf der Rückseite noch ein Stück Moosgummi fest, an dessen Enden als Abstandshalter je noch ein dünner Streifen Moosgummi angeleimt wird. Zwischen diesem Stück und dem Motiv ziehen Sie nun eine „Schlaufe“ der Kordel hindurch, welche dann als Aufhänger verwendet wird.

FROHES FEST

FROHES FEST

FROHES FEST

Herr und Frau Pieps

Moosgummi: *2 mm:* Gelb, Maisgelb, Rot, Weiß, Bordeauxrot, Hell- und Dunkelbraun, Beige, Lila, Schwarz
4 mm: Grau

Sonstiges: Regenbogentransparentpapier
Wackelaugen oval 6 x 10 mm
Glitzergold
Wasserfester Fineliner, schwarz

Zuerst die Vögelchen basteln. Achten Sie darauf, daß später unter dem lila Schal noch der Schnabel und der Lattenzaun eingesteckt wird. Die braunen Latten auf den grauen Häuschenboden (4 mm) und die Dachstützen (4 mm) kleben. Anschließend die Vögel, die braunen überkreuzten Balken und den grauen Balken hinter den Häuschenboden setzen. Der gelbe Kerzenschein wird mit Transparentpapier hinterklebt, darauf sitzt die Flamme. Am Schluß den Docht mit Fineliner aufzeichnen und das Bild mit Glitzerfarbe verzieren.

Tip: Um die Standfestigkeit der Dachstützen zu verstärken, zusätzlich noch zwei Streifen Moosgummi 4 mm über Boden und Stützen kleben!

Einmachgläser

Stiefel: *Moosgummi:* *1 mm:* Jadegrün, Weiß, Gelb, Rot
2 mm: Hellblau, Maigrün, Rotbraun, Dunkelbraun
Sonstiges: Glitzergold, Zackenschere, Einmachglas
Fineliner schwarz, wasserfest
Rote Kordel ca. 80 cm

Zuerst den Stiefel einschneiden und Apfel, Nuß und Leckstange dazwischenschieben. Verziert wird alles mit Glitzerfarbe und schwarzem Fineliner. Den jadegrünen Untergrund mit der Kordel befestigen und an deren Enden noch je einen Stern kleben.

Kuh: *Moosgummi:* *1 mm:* Jadegrün, Weiß, Schwarz
2 mm: Gelb, Rosé, Weiß, Rot, Grau, Beige
Sonstiges: Glitzergold, Zackenschere, Einmachglas
Fineliner schwarz, wasserfest
Halbperlen schwarz, 4 mm
Rote Kordel ca. 80 cm

Mit dem weißen Kopfteil beginnen. Darüber liegen Haar, Augenfleck und Mundteil, dahinter Ohren und Hörner. Um die Halbperle besser vom Augenfleck abzuheben, einen weißen Kreis ausstanzen, der etwas größer als die Perle ist. Nachdem die Mütze fertig ist, wird der Kopf darauf befestigt. Zum Schluß Kuh und Rand mit Glitzerfarbe verzieren und die Nasenlöcher, Brauen und Mützenfalten mit Fineliner aufzeichnen.

Teddy: *Moosgummi:* *1 mm:* Blau, Gelb, Weiß
2 mm: Dunkelgrün, Beige, Dunkelbraun, Bordeauxrot
Sonstiges: Glitzergold, Zackenschere, Einmachglas
Fineliner schwarz
Halbperlen, 4 mm
Kordel gold ca. 80 cm

Mit dem großen Mistelzweig beginnen und den kleinen dahinterkleben, dann den Teddy komplett fertigbasteln. Über die Stirn wird der Mützenrand gesetzt, die Enden werden hinter die Ohren gesteckt. Hinter dem Körper sind die Arme, davor die Beine. Die Zipfelmütze hinten am Kopf ankleben und den Zipfel über den Bauch legen. Das blaue „Deckchen", das mit der Kordel festgebunden wird, haben wir mit der Zackenschere „umrahmt". Leichter geht das, wenn vorher ein Gummiring darübergelegt wird. Dann an beiden Enden der Kordel die Sternchen aufkleben und zum Schluß das Motiv noch mit Glitzerfarbe und Fineliner verzieren.

Vom Himmel hoch

Moosgummi:	*1 mm:*	Weiß, Rosé, Schwarz
	2 mm:	Weiß, Rot, Haut, Hellbraun, Maisgelb, Schwarz, Apricot, Rosé, Pink, Beige, Jade, Dunkelbraun, Lila, Orange, Flieder, Blau
	4 mm:	Rot

Sonstiges:

Wackelaugen mit Wimpern, 15 mm
Goldglitzer
Wasserfester Fineliner, schwarz
kleine Goldringe
2 Holzperlen, 2 cm
Holzstab 4 mm
kleines Stück Golddraht
Streufäden (Gold)
Satinband ca. 1 m weiß
verschiedene Perlen
Kordel weiß ca. 2 m
Halbperlen 5 mm

Auf folgendes sollte geachtet werden:

Weihnachtsmann: Die Drahtbrille wird aus einem Stück gebogen. Das gerade Teil hinter die Nase, die Drahtenden obenauf schieben.

Die Trompete: Das kleinere Auge sitzt auf der Kante und zwischen den beiden größeren Augen. Der gelbe Körper besteht aus zwei Teilen, die an den Kanten verklebt werden.

Der Sack: Der Knoten sitzt unter den waagrechten Schnüren, jedoch über den Enden.

Das Schaukelpferd: Mähne und Schweif werden an die Körperkante geleimt.

Die Trommel: Die vier oberen gelben Halbpunkte sitzen zwischen den oberen zwei Rändern. Die orangefarbenen Streifen werden unter den Rand und die gelben Punkte gesteckt.

Noten und Sticks: Die doppelt ausgeschnittenen Teile nur an den Enden zusammenleimen, damit die Kordel noch durchgezogen werden kann.

Die Kordel wird durch die an den Moosgummiteilen eingestochenen Ringe gezogen und verleimt. Darüber je eine Perle schieben. Unter die anderen Perlen einen Knoten binden. Der mittlere Holzstab wird dreimal für die Kordeln durchbohrt. Auf die Enden 2 cm Holzkugeln setzen.

Goldfäden auf die feuchte Glitzerfarbe!

Winterland

Moosgummi: *1 mm:* Weiß, Gelb, Dunkelbraun, Grau, Schwarz
2 mm: Weiß, Beige, Gelb, Hellbraun, Rot
4 mm: Hellblau

Sonstiges: Teilbare Plastikkugel 16 cm
Glitzergold
kleines Stück Nylonfaden
Halbperlen 3 mm
Traumkugelschnee
Schleifchen & Perlen

Das Winterland besteht aus vielen kleinen Teilen, deshalb wird vorwiegend mit Moosgummi 1 mm gearbeitet. Am besten mit der Hütte beginnen. Zuerst Fenster und Tür ausstanzen bzw. ausschneiden. Während die Fenster nun mit Gelb hinterklebt werden, wird die Tür in die eingeschnittene Spalte gelegt und mit dem Türrahmen auf die Hütte geleimt. Der Fensterrahmen besteht aus vier kurzen Teilen. Mit dem Stanzeisen den Holzhaufen aufstapeln. Die weiße Landschaft aus zwei Stücken, dem Vorder- und Hintergrund, herstellen. Dazwischen stecken der Zaun und der Schneemann. Nachdem die fertige Landschaft mit Glitzerfarbe verziert wurde, den blauen Rand aufkleben und in der kleineren Kugelhälfte befestigen. Der Stern wird mit Nylonfaden angeklebt. Bevor nun die Kugel geschlossen wird, noch je nach Geschmack ca. 1 - 2 Teelöffel Traumkugelschnee einfüllen.

Emil Eichhorn

Moosgummi: *1 mm:* Rosé, Weiß, Schwarz
2 mm: Hellbraun, Weiß, Rot

Sonstiges: Holzstab & Adapter
Glitzergold, Deckweiß
Fineliner schwarz, wasserf.
Schleifenband & Perlen

Emil wird aus wenigen Farben hergestellt. Vorwiegend haben wir Hellbraun verwendet. Zuerst basteln wir den Körper. Arme und Beine werden hinten, der Kopf vorne aufgeklebt. Über die Stirn kommt der Mützenrand und wird rechts hinter Kopf und Ohr festgesteckt. Die Mütze sitzt hinter dem Kopf, jedoch vor Schwanz und Bauch. Augen und Wangen am besten ausstanzen. Lichtpunkte in Augen und Nase werden mit Deckweiß oder Bastelfarbe aufgemalt. Der Adapter wird zum besseren Halt erst mit einem Stück Moosgummi zusätzlich beklebt und dann auf den Hinterkopf gesetzt. Den Rundstab haben wir mit etwas Leim am Rücken fixiert und mit verschiedenen Bändern verziert.

Völlig von der Rolle

Moosgummi:	*1 mm:*	Weiß, Rosé
	2 mm:	Hell- und Dunkelgrau, Pink, Hellblau, Hellbraun, Haut, Maisgelb, Dunkelbraun
	4 mm:	Beige

Sonstiges:
Halbperlen 3 mm
Goldfäden zum Streuen
Glitzergold
Goldkordel
Rosa Perlen
Fineliner schwarz, wasserfest

Zuerst den Kopf des Mäuschens fertigbasteln. Diesen auf das rosa Armteil setzen, dahinter die Arme. Sobald noch Hose und Beine angeklebt worden sind, nimmt die Maus auf der Rolle aus 4 mm Moosgummi Platz, was die Stabilität des Aufhängebildchens verbessert. Das Plätzchen hinter die Rolle legen und zum Schluß alles mit Glitzerfarbe verzieren. Die Goldfäden über die noch feuchte Glitzerfarbe streuen, damit sie gut festkleben.

Um die Rolle aufzuhängen, wird ein Loch in die braunen Griffe gestanzt und die Kordel daran befestigt. Am Schluß die Perlen überziehen und anleimen.

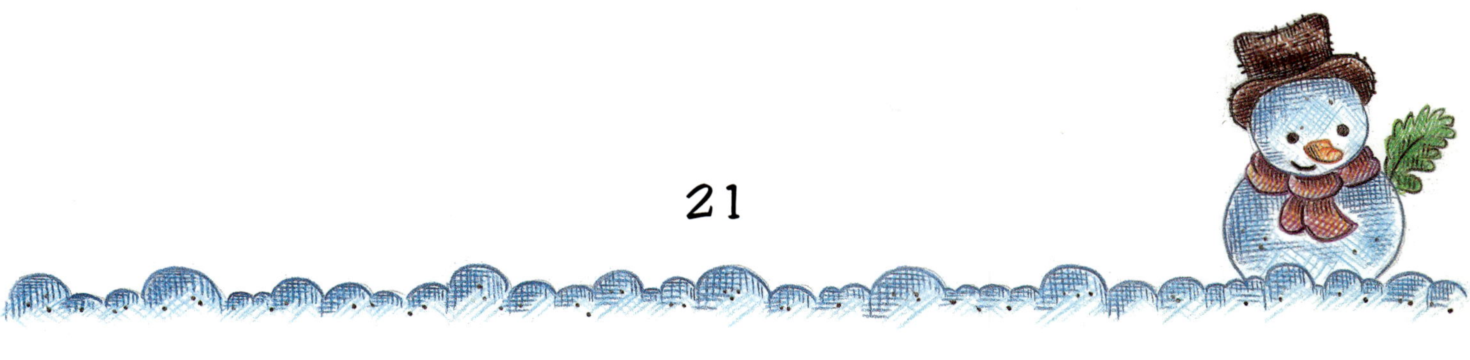

Zieh-Stern

Moosgummi: *1 mm:* Weiß
2 mm: Gelb, Maisgelb, Schwarz

Sonstiges:
2 Platten Filz, maisgelb
Ziehfeder
Kordel weiß ca. 1 m
3 Rillenperlen gelb
Holzkugel 5,5 cm
Bastelfarbe gold
Fineliner schwarz
Glitzergold

Der Stern mit seinem lustigen Schweif ist ideal für's Kinderzimmer. Sie müssen ihn zweimal ausschneiden, einmal davon seitenverkehrt. Die Kordel wird dazwischengeleimt. Bevor die Kordel oben zu einer Schlaufe zusammengeleimt wird, zuerst die Rillenperle überschieben. Diese dann wieder über das Schlaufenende ziehen und verkleben. Am unteren Ende die Kordel durch die Perlen und die mit Gold bemalte Kugel ziehen und verknoten. Darauf achten, daß die Ziehfeder nicht zu stark oder zu schwach für das Gewicht der Holzkugel ist.

Spandose Teddy

Moosgummi: *1 mm:* Gelb, Beige, Dunkelbraun, Rosé
2 mm: 3 verschiedene Grüntöne, Hellbraun, Bordeauxrot, Grau, Blau

Sonstiges: Spandose, 13 x 17,5 cm
Glitzersand Venezia Gold
Violettes Satinband mind. 1 m
Glitzergold
Fineliner schwarz, wasserfest
Perlen zum Verzieren

Zuerst den Teddy anfertigen. Dann auf denKörper das beigefarbene Bauchteil setzen und darüber Arm und Bein. Der zweite Arm sitzt dahinter. Anschließend die Kerze zwischen die Hände schieben. Bevor die Kerze hinter das Bein geklebt wird, noch den Zweig hineinstecken. Nun die restlichen Zweige hinten ankleben und den Teddy auf den grauen Schatten setzen. Für die ovale Hintergrundfarbe am besten den Spanschachteldeckel als Schablone verwenden. Zum Verzieren und für den Schriftzug Glitzerfarbe auftragen. Konturen, wie z. B. den Docht, mit Fineliner zeichnen.

Tip: Beim Auftragen der Glitzersandfarbe darauf achten, daß der obere Rand der Schachtel nicht bemalt wird, da sonst der Deckel schwer aufzusetzen ist.

Vielseidig Verlag

Weitere Weichnachtsbücher, die im
Vielseidig Verlag erschienen sind:

Heft DIN A5, 32 Seiten
Weihnachtsideen aus Tonkarton
zum Schneiden & Kleben
ISBN 3-930529-16-5
Best.Nr. 29165

Heft DIN A5, 32 Seiten
Selbstgemachtes Drumherum
ISBN 3-930529-05-X
Best.Nr. 2905X

Laubanger 19b 96052 Bamberg **Vielseidig Verlag** GROH & Co. Tel. 0951/6 89 97